엄마! 나도 생각 할 수 있어요 2

엄마! 나도 생각 할 수 있어요 2

글 | 홍양표

펴낸이 | 손경복

삽화 | 이현숙

펴낸곳 | 더블유출판사

주소 | 서울 은평구 갈현동 483-11

대표전화 | 02-389-0300

전자우편 | wpub0129@naver.com

마케팅 | 이영우

디자인 | 이정무

초판1쇄 | 2009년 10월 10일

ISBN 978-89-93727-19-7 04370

값 10,000원

생각과 실천을 통한 1%엄마의 **자녀변신 프로젝트** 02

엄마!
나도 생각
할수 있어요

홍양표 지음

Mother! I can think

세/계/의/정/이/되/도/록/하/겠/습/니/다
더블유출판사
W
world wide-we

머릿말

자녀들의 창의력과 생각하는 힘을 키워야 된다.

　지금까지 오랜 시간 두뇌교육에 관한 연구를 해오면서 창의력과 생각하는 힘을 키우는 방법은 어린이들의 마음속에 있는 것을 꺼내 행동으로 변화시킬 수 있는 교육이어야 한다는 확신을 가지게 되었다. 깊이 생각하고 논리적으로 되짚어보고, 여러 방향에서 다시 생각해 보는 좋은 습관을 길러야 한다.

　어느 날 자녀의 시험지를 보고 많은 부모들이 이렇게 말할 것이다.

　"깊이 생각하고 문제를 풀어야지, 많이 생각하지 않고 문제를 푸니 틀리는 거야."

　성적이 낮은 어린이들의 뇌를 검사해 보면 대부분 생각하는 힘이 약하다. 이런 어린이들에게 생각하는 힘을 키워주지 않고 많이 생각해라! 깊이 생각하라! 생각하고 행동하라!

　아무리 잔소리를 해도 그 때 뿐이다.

고학년이 되면 될수록 생각하는 힘은 더 많이 요구된다. 생각하는 힘이 약한 어린이들은 성적이 떨어질 수밖에 없다. 즉, 생각하는 힘을 길러주지 않으면 점점 학습에 대한 흥미도 잃어버리게 된다.

나는 오래전부터 뇌를 연구해 오면서 생각하는 힘을 길러주는 훈련을 해왔다. 창의력과 생각하는 힘이 좋아지면 학업능력뿐 아니라 생각하고 말하는 습관도 발전하고 인간관계까지도 좋아지는 것을 확인할 수 있었다.

창의력과 생각하는 힘을 키우기 위해서는 일주일에 한 두번 학원에 가서 학습하기에는 턱없이 부족하다. 가정에서 작은 것부터 깊이 생각하게 하는 습관을 기르는 것이 무엇보다도 중요하다.

본 교재는 그동안 여러 교육자들과 함께 오랜 임상실험을 거쳐 얻어낸 자료들로만 구성되어 있어 가정, 혹은 유아교육기관에서 쉽게 활용할 수 있도록 만들어 졌다. 특히 워크북형태로 이루어져 부모와 자녀가 같이 하면서 창의력과 생각하는 힘을 키우는데 부족함이 없다고 여겨진다. 또한 우뇌계발을 위한 배려도 빼놓지 않았다. 모쪼록 나는 이 책을 통해 요즘어린이들의 생각하는 힘이 성장하는데 도움이 되었으면 바란다.

차례

산타할아버지가 타고 다니시는 썰매는
왜 루돌프 사슴이 끌고 다닐까요?

산타할아버지는 착한아이에게 선물을 주려고
루돌프와 함께 그아이의 집으로 찾아 갔어요.
그런데 썰매 뒤에 있던 선물을 잃어버리고 말았어요.
다시 갔다 올 수도 없고
어떻게 해야 할지 5가지 방법을 말해보세요.

보충학습

1) 산타할아버지는 어디에서 오실까요?
2) 산타할아버지는 왜 크리스마스 날에만 오실까요?
3) 루돌프 사슴을 왼손으로 따라서 그려보세요.
4) 그림을 보고 생각 나는 것을 말해보세요.

참고사항
만약에라는 단어는 창의적 사고를 올려주는 좋은 훈련 방법입니다.
또한 근거 제시는 아이들의 논리적 사고를 올리는데 큰 도움을 주게 됩니다.
생각할 수 있는 충분한 시간을 주시고 대화하세요.

나를 친구에게 소개한다면
나의 좋은 점을 세 가지만 말해보세요.

오늘은 학교(유치원)에서 자기자랑을 세 가지씩 해보기로 했어요.

영희는 며칠 전 친구에게 준비물을 빌려주었다고 발표했고

경수는 아빠 구두를 깨끗하게

닦아 드렸다고 발표를 했어요.

드디어 내 차례가 되었어요.

나의 자랑을 세 가지만 말해보세요.

보충학습

1) 나를 도와준 친구들이 있었나 생각해 보고 어떤 일 이었나 말해보세요.
2) 이 교실에서 동그란 것과 네모난 것을 말해보고 네모난 액자를 왼손으로 따라서 그려보세요.
3) 내 친구중에 친한 친구를 소개 하여보세요.
4) 그림을 보고 생각 나는 것을 말해보세요.

참고사항

아이들에게 어려서부터 자연스럽게 이웃을 위하여 봉사할 수 있는 습관을 길들여주는 것은 21세기의 리더로 키우는데 있어서 가장 필요한 것이라고 생각합니다. 아이가 늘 친구들을 위하여 가족을 위하여 무엇을 도와줄 것인가를 생각하는 아이로 길러주세요.

갑자기 하늘에서 파란색 눈이 내리고 있어요.
왜 그럴까요?

오늘은 아침에 일찍 일어나서 창문을 열어보니

창밖에 파란 눈이 내리고 있어요.

창밖에 파란 눈이 내리고 있어요.

지붕위에도 파란색 나무위에도 파란색입니다.

하늘에서 하얀 눈이 내려야 하는데 어떻게 해서

파란 눈이 내리게 되었나요?

보충학습

1) 동그라미를 찾아 왼손으로 따라서 그려보고 숫자를 세어 보세요.
2) 눈은 왜 내리는 것일까요?
3) 눈이 내리면 하고 싶은 것을 말해 보세요.
4) 그림을 보고 생각 나는 것을 말해보세요.

참고사항

하늘에서 파란 눈이 내린다는 이유를 말하려면 창의성이 있어야 합니다. 그러므로 논리성에 대해서는 깊이 관여하지 마시고 파란 눈이 내리는 이유에 대하여 이야기 할 수 있도록 도와주세요. 또한 하늘에서 빨간 눈이 내리면 어떤 일이 일어날까요? 등으로 유도해 보세요.

곰은 왜
겨울잠을 자는지 설명해 보세요

동물들 중에는 겨울잠을 자는 동물들이 있어요.

어떤 동물은 겨울 내내 밥도 먹지 않고,

움직이지도 않고 잠만 잔다고 합니다.

그러나 호랑이나 사자 혹은 얼룩말들은

겨울잠을 자지 않고 며칠만 음식을 먹지 않으면 굶어 죽게 됩니다.

그런데 겨울잠을 자는 동물들은

어떻게 먹지도 않고 잠만 잘까요?

보충학습

1) 겨울잠을 자는 동물을 말해보세요.
2) 겨울잠은 어디에서 잘까요?
3) 곰을 보면 생각나는 숫자를 말해보세요.
4) 사람은 왜 잠을 자야 할까요?

참고사항

백과사전에서 겨울잠을 자는 동물에 대하여 미리 조사해 보는 것도 학습의 효과를 높이는데 좋습니다. 먹지도 않고 겨울잠만 자는 동물에 대하여 과학적인 근거는 아니라도 논리성이 있으면 됩니다.

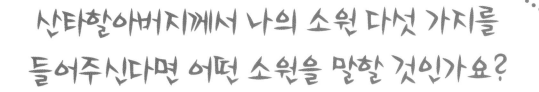

산타할아버지께서 나의 소원 다섯 가지를 들어주신다면 어떤 소원을 말할 것인가요?

산타할아버지께서 나의 소원 5가지를 들어주신다고 합니다.

그래서 나는 곰곰이 생각을 했어요.

어떤 소원을 들어달라고 할까?

연습장에 한 가지씩 적어 보았습니다.

소원이 너무 많아 10가지나 되었습니다.

그중 5가지를 고르고 있어요.

과연 어떤 소원 5가지를 말할까요?

보충학습

1) 그림을 보고 동그라미를 찾아 왼손으로 그려보고 숫자를 세어 보세요.
2) 내가 크리스마스때 받았던 선물을 말해보세요.
3) 내가 산타할아버지가 되었다면 선물을 주고 싶은 사람을 말해보세요.
4) 그림을 보고 생각 나는 것을 말해보세요.

참고사항

산타할아버지를 통하여 아이들의 마음속에 하고 싶은 일을 대신 이루어 봅니다.
아이가 소원을 밝힐 때는 왜 그런 소원을 말하였는지도 반드시 물어보아 주시면
교육의 효과를 더 극대화 할 수 있습니다.

토끼와 거북이가 달리기 시합을 하다가
토끼가 많이 다쳤어요.
어떻게 된 일인지 다섯 가지를 말해 보세요.

토끼와 거북이가 달리기 시합을 하기로 했어요.

둘은 서로 자신 있다고 말싸움을 하였습니다.

그래서 여러 동물들을 모아 놓고 시합을 하기로 했답니다.

드디어 출발 신호가 울렸습니다.

토끼는 출발 신호가 울리자마자 빠르게 달려 갔습니다.

거북이는 한발 한발 천천히 걸어갔지만 각오만은 대단했습니다.

한참 언덕을 넘어가고 있는데

토끼가 다리에서 피를 흘리며 쓰러져 있었어요.

과연 거북이는 어떻게 했을까요?

보충학습

1) 구경하는 동물들의 이름을 말해보세요.
2) 거북이 등을 왼손으로 따라서 그려보세요.
3) 거북이를 보면 생각나는 것을 말해보세요.

참고사항

거북이를 대신하여 자기의 생각을 발표해 보고 토론해 봄으로써 어릴 적부터 올바른 마음을 갖도록 유도합니다. 엄마의 생각을 이야기 해주지 마시고 아이의 이야기(생각)를 유도해주세요.

선녀가 나무꾼에게 소원을 말했어요, 어떤 소원이었을까요?

하늘나라의 선녀들이 날개옷을 입고, 깊은 산속에 있는
맑은 연못에 목욕을 하러 내려왔습니다.
그런데 그중 한 선녀는 목욕을 하지 않고 숲 속을 돌아다니며
나무꾼을 찾아 다녔어요.
그 선녀는 숲 속에서 나무를 하고 있는 나무꾼을 발견하고
이렇게 말했습니다.
"저는 저 하늘에서 온 선녀입니다. 하나님께 지구로 목욕하러 온다고
거짓말을 하고 꼭 하고 싶은 말이 있어서 당신을 만나러왔습니다."
선녀의 말을 듣고 나무꾼은 고민에 빠졌습니다.
선녀는 나무꾼에게 어떤 말을 했을까요?

보충학습

1) 목욕을 하던 선녀들은 친구가 없어진 것을 알고 어떻게 했을까요?
2) 선녀의 날개옷을 나무꾼이 입는다면 하늘나라에 들어갈 수 있을까요?
3) 선녀를 왼손으로 예쁘게 따라서 그려보세요.
4) 그림을 보고 생각 나는 것을 말해보세요.

참고사항
'나무꾼과 선녀'에서는 나무꾼이 선녀의 날개옷을 감추게 됩니다. 그러나 그런 생각을 다른 각도에서
바라다 볼 수 있는 훈련을 통하여 창의성을 개발하는 프로그램입니다.

모든 과일을 내 마음대로 맛과 색깔 크기를 조절할 수 있다면
어떤 과일을 어떻게 만들고 싶은가요?

내가 유전공학박사가 되었답니다.

드디어 나는 크기와 모양과 색깔을

내 마음 대로 만들 수 있는 기술을 발견하게 되었습니다.

자 그러면 이제부터 어떤 과일을 가지고

어떤 색깔에 어떤 맛 어떤 모양을 만들 것인지 생각해 보세요.

어떤 과일을 만들어야 사람들이 모두 좋아할까요?

5가지 과일을 생각해보고 어떻게 할 것인지 그림으로 그려보세요.

보충학습

1) 과일에는 어떤 것들이 있을까요?
2) 과일들의 색깔과 맛을 이야기 해보세요.
3) 그림에 있는 과일을 따라서 왼손으로 그려보세요.
4) 그림을 보고 생각 나는 것을 말해보세요.

참고사항

여러 가지 과일 중에 내가 좋아하는 색깔과 맛과 모양을 만들어 내는 창의력과
논리적 사고를 길러줄 수 있는 단원입니다. 그림으로 그려보게 해도 좋습니다.
그림은 연필이나 볼펜으로 그려도 가능합니다.

모든 과일을 내 마음대로 맛과 색깔 크기를 조절할 수 있다면

나와 생김새와 성격이 똑같은 사람이 한명 더 있다면
좋은 점과 불편한 점은 무엇이 있을까요?

우리 집에는 나와 생김새도 같고
성격과 습관까지 모든 것이 똑같은 동생이 한명 있어요.
내 친구들도 나를 찾아내지 못하고 우리 친척들도
나와 동생을 구별하지 못 할 정도로
우리는 아주 닮았답니다.
좋은 점 3가지와 불편한 점 3가지를 말해보세요.

보충학습

1) 그림을 잘 보세요. 둘 중에 나와 동생을 골라보고
   나는 왼손으로 동생은 오른손으로 따라 그려보세요.
2) 지금 엄마는 나와 이야기를 하고 계십니다. 누가 나 일 까요?
3) 나의 형제 자매가 있다면 좋은 점을 말해보세요.
4) 그림을 보고 생각 나는 것을 말해보세요.

참고사항

가상 현실을 만들어 놓고 나의 소중함과 나라는 존재에 대하여 생각하고 확인하므로써
자신을 사랑하는 마음과 자기 자신에 대한 자신감을 가질 수 있도록 합니다.

아무도 쓰레기를 치워가지 않는다면
어떻게 될까요?

"왜 우리는 매일 더러운 쓰레기만 치우는데
사람들은 아무데나 쓰레기를 마구 버리는 거야.
이제부터 쓰레기를 치우지 않을 거야."
아침마다 쓰레기를 차에 싣고 가시는 아저씨들이
쓰레기를 가져가지 않아 온 마을이
쓰레기로 가득 찼어요.
학교 운동장에도 대문 앞에도 길거리에도 쓰레기로 가득차서
사람도 자동차도 다니지 못하고 있어요.
어떻게 해야 할까요?
5가지 방법을 말해보세요.

보충학습

1) 내가 버리는 쓰레기는 어떤 것들이 있을까요?
2) 쓰레기를 줄이는 방법을 말해보세요.
3) 그림을 이용하여 동그라미, 세모, 네모를 왼손으로 그려보세요.
4) 그림을 보고 생각 나는 것을 말해보세요.

참고사항
환경의 중요성을 일깨워주고 내가 버리는 쓰레기에 대한 경각심과 자연보호에
대한 사고력을 길러주게 됩니다.

바다 속에는 어떤 것들이 살고 있을까요?

나는 커서 잠수부가 되었답니다.

멋진 잠수복을 입고 깊은 바다 속을 다니며

사진도 찍고 온갖 물고기들을 구경하고 정말 신나는 일이었습니다.

물 속에는 깊은 물 속에 사는 물고기와 얕은 물 속에 사는 물고기,

생김새도 여러 가지 물고기들로 가득했습니다.

바나 속을 예쁘게 그려보세요.

어떤 물고기들이 있는지 물고기의 종류를 말해보세요.

보충학습

1) 바다 속에는 내가 그린 것 말고 어떤 것들이 살고 있을까요?
2) 바다가 우리에게 주는 좋은 점을 말해보세요.
3) 바다하면 생각나는 것들을 말해보세요.
4) 물고기중 두마리만 골라 왼손으로 따라 그리세요.

참고사항

아이가 그린 그림을 관찰해보세요. 그림을 아주 작게 그리거나, 어느 한쪽 모서리에 그리고, 혹은 고기들의 방향이 같은 방향만 그리는 아이는 소극적이고 좌뇌적인 경향이 있는 아이들이고 아이의 그림이 면을 가득 채우고 여러 가지 색다른 모양의 고기들을 그리거나 화려한 그림을 그리는 아이는 우뇌적인 아이라고 볼수 있습니다. 그림이 정교하지 못한 아이들은 산만한 아이 이므로 왼손으로 선따라 그리기를 하도록 해주세요.

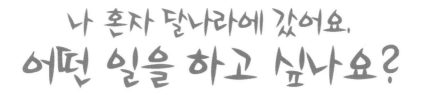

나 혼자 달나라에 갔어요.
어떤 일을 하고 싶나요?

나는 우주선을 타고 달나라에 여행을 갔어요.
달나라에 내려서 이곳저곳을 구경하고 있는데
갑자기 타고 온 우주선이 어디론가 날아가 버렸어요.
어떻게 해야 할까요?

보충학습

1) 달나라에서 본 것을 말해보세요
2) 별을 왼손으로 따라서 그려보세요.
3) 그림을 보고 생각 나는 것을 말해보세요.

참고사항

나 혼자 달나라에 남았다고 생각할 때 두뇌 유형에 따라서 아이들의 접근 방법이 다르게 나타납니다.
극한 상황이 주어졌을때 깊이 생각하게되면 창의력과 논리력이 발달됩니다.

그동안 읽거나 들었던 책 중에 기억에 남는 내용이 있나요?
어떤 내용인지 이야기 해보세요.

엄마 혹은 아빠가 재미있는 이야기를 들려주셨던 적이 있나요?

아니면 재미있는 책을 읽어 주신적이 있나 생각해 보세요.

그 중에 생각나는 이야기는 어떤 이야기일까요?

들었던 이야기나 혹은 내가 읽었던 내용 중에서

기억에 남는 것 한가지만

그림이나 글로 써보세요.

보충학습

1) 책을 읽는 올바른 자세를 말해보세요.

2) 엎드려서 책을 읽으면 왜 안 되는지 말해보세요.

3) 나는 책을 어떤 자세로 읽고 있나 생각해 보고 잘못된 점이 있으면 말해보세요.

4) 그림에서 네모 모양을 4개만 찾아 왼손으로 따라서 그려보세요.

5) 책을 왼손으로 따라서 그려보세요.

6) 그림을 보고 생각 나는 것을 말해보세요.

참고사항

아이들이 듣고 읽었던 내용을 그림으로 표현하는 훈련은 우뇌발달에 도움을 줍니다.
아이에게 이야기를 들려주거나 혹은 책을 읽히고 난 후 내용을 들어주시고 내용을 그림으로
그려보도록 해주시면 아이들의 사고력 발달에 많은 도움이 됩니다. 이런 훈련을 하게 되면
독서 요약이나 감상문도 잘 쓰는 아이가 됩니다.

숲 속에서 무서운 짐승을 만났어요,
어떻게 해야 할까요?

우리가족은 주말을 맞이하여 먼 산으로 등산을 떠났습니다.

아빠는 산이 험하니 조심하라고 말씀해 주셨습니다.

그런데 나는 아빠 말씀을 무시하고

가족과 멀리 떨어져 걷다가 그만 길을 잃고 말았어요.

아무리 찾아봐도 길은 없고 점점 험한 산 속으로 들어가고

말았어요. 그런데 갑자기 앞에 커다란 짐승 한 마리가 나타났어요.

어떻게 해야 할까요?

보충학습

1) 이 숲 속에는 어떤 동물들이 살고 있을까요?
2) 길을 잃어버린 이유를 말해보세요.
3) 우리주변에 내가 조심해야 할 일을 아는 대로 말해보세요.
4) 동물을 왼손으로 따라서 그려보세요.
5) 그림을 보고 생각 나는 것을 말해보세요.

참고사항

이 이야기는 아이가 부모님 말씀을 안 들어 일어난 사건입니다. 특히 위험한 곳에 가서는 부모님 말씀을 꼭 지켜야 한다는 것을 알려주기 위해서는 가족끼리 가서 있었던 이야기를 상기시켜주시고 이야기를 전개해 나가면 더 도움이 됩니다.

주유소가 없는 길에서 휘발유가 다 떨어졌어요. 어떻게 해야 할까요?

주말을 맞아 부모님과 함께 시골에 살고 계신
친척집에 방문을 하기 위해 떠났어요.
자동차에 기름이 조금밖에 없었는데 아빠가 깜빡 잊으시고
주유소를 지나치고 말았습니다.
조금 가면 있겠지 하고 달렸는데 기름이 다 떨어지도록 주유소는
나타나지 않았습니다.
시골길이라 주유소도 없고 다니는 차들도 없는데 어떻게 해야 할까요?

보충학습

1) 이 곳에서 하룻밤 자야한다면 어떻게 해야 할까요?
2) 그림에서 동그라미를 찾아 왼손으로 따라서 그려보고 몇 개인가 세어보세요.
3) 자동차를 보면 생각나는 것을 말해보세요.
4) 자동차 안에서 조심해야 할 것은 어떤 것이 있나요?

참고사항

우리가 생활하면서 흔히 있을법한 예문입니다. 특히 호기심이 많은 아이들은 누구나 한번쯤
생각해 봄직한 예문이죠. 이런 상황에 어떻게 대처해야 하는지 아이가 생각하게 하므로써
창의성 훈련을 하게 됩니다.

그물도 없이 냇가에서 고기를 잡으려면
어떻게 해야 할까요?

방학을 맞이하여 가족들과 시골에 살고 계신 친척 댁에 놀러 갔어요.

그 곳에는 맑은 냇가가 있는데 여러 가지 고기떼들이 놀고 있었어요.

나는 그 고기들을 잡고 싶어서 물 속으로 들어갔습니다.

물속에 손을 살그머니 집어넣고 고기들을 따라 다녔는데

어찌나 빠른지 도저히 잡을 수가 없었어요.

어떻게 해야 잡을 수 있을까요?

보충학습

1) 그림 중에서 남자를 왼손으로 따라 그려보세요.
2) 이 물 속에는 어떤 물고기들이 살고 있을까요?
3) 그림을 보고 생각 나는 것을 말해보세요.

참고사항

물고기를 잡을 수 있는 방법을 3~5가지 정도로 말할 수 있도록 해주세요.
혹 예전에 이런 곳에 가본 적이 있으시면 그때 일을 연상시켜 주세요.

지금 내가 가장 하고 싶은 일은
무엇일까요?

지금 가장 하고싶은 일이 있다면

어떤 것들을 하고 싶은지 머릿속으로 생각해보세요.

그리고 그 일을 하고싶은 이유도 생각해 보세요.

그중에 가장하고 싶은 것 다섯 가지를 말해보세요.

하고싶은 이유도 설명해 보세요.

보충학습

1) 그림 속에서는 어떤 일들을 하고 있는지 설명해 보세요.
2) 소풍 온 아이들 중에서 남자아이들만 따라 그려보세요.
3) 아이들이 먹고 있는 음식의 종류를 말해보세요.
4) 그림을 보고 생각 나는 것을 말해보세요.

참고사항

아이들이 하고 싶은 일이란 의외로 아주 간단하고 쉬운 것 들 일수도 있습니다.
아이가 하고 싶은 것을 다 들어줄 수는 없지만 아이가하고 싶어하는 것 한 가지 정도는
들어줄 수도 있지 않을까요?

갑자기 해가 없어졌어요.
어떤 일들이 일어날까요?

아침에 일어나보니 아직도 캄캄한 밤이었어요.

그래서 잠을 더 잤는데 다시 일어나 보니 아직도 캄캄한 밤이었어요.

시계를 자세히 들여다보니 벌써 아침 9시가 넘었어요.

다른 날 같으면 날이 환하게 밝았을 텐데 밖을 내다보니

영락없는 밤이었어요.

길거리에 차들도 모두 불을 켜고 달리고 있었고

지나가는 사람들은 앞이 보이지를 않아

조심스럽게 걸어 다니고 있었어요.

그 이유는 해가 뜨지 않았기 때문입니다.

어떻게 된것일까요?

보충학습

1) 밤이 좋은 이유와 밤이 싫은 이유를 두 가지씩만 말해보세요.
2) 사람들 중에 여자를 왼손으로 따라 그려보세요.
3) 밤에 해는 어디에 있을까요?
4) 그림을 보고 생각 나는 것을 말해보세요.

참고사항

만약에 라는 단어는 아이들에게 창의성을 올려주는 좋은 습관입니다.
과학자라는 단어는 바로 발견이라는 뜻이고 만약에 라는 생각은 늘 발견할 수 있는
아이가 되도록 도와줍니다.

지금 내가 보고 싶은 사람은?

내가 보고싶은 사람을 볼 수 있는 신기한 상자가 있답니다.

이름만 말하면 바로 그 사람이 상자 속에서 나오게 됩니다.

지금부터 5명의 이름을 말할 수 있습니다.

누구를 부를지 생각해 보세요.

운동선수, 가수, 친구, 친척누구를 부를지 고민입니다.

자 그러면 지금부터 5명의 이름을 불러 보시고

물어보고 싶고 혹은 하고싶은 이야기도 해보세요.

보충학습

1) 나를 가장 만나고 싶어하는 사람은 누구일까요? 이유를 설명해 보세요.
2) 그림에서 야구선수를 찾아 왼손으로 따라서 그려보세요.
3) 그림을 보고 생각 나는 것을 말해보세요.

참고사항

아이들이 만나고 싶은 사람들을 가상으로 만나서 궁금한 것을 물어보고 스스로 대답하는
이런 학습은 주로 NIE에서 많이 하는 교육방법입니다. 아이가 알고 싶어하는것을 스스로
묻고 대답하며 사고력을 향상시키는 프로그램입니다.

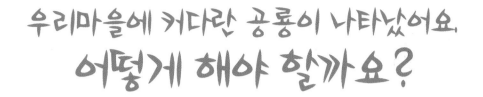

우리마을에 커다란 공룡이 나타났어요.
어떻게 해야 할까요?

"여러분 조심하세요. 절대 집에서 나오시면 안됩니다.
공룡이 나타났어요"
방송에서 무서운 공룡이 나타났다고 합니다.
사람들은 무서워서 벌벌 떨고 있으며 무섭다고 우는 아이들도 있어요.
그렇지만 나는 무섭지 않아요.
왜냐하면 나에게 좋은 방법이 있기 때문이죠.
어떤 방법일까요?

보충학습

1) 공룡은 어디에서 왔을까요?
2) 공룡은 얼마나 클까요?
3) 이 공룡에게 이름을 지어 준다면 어떤 이름이 좋을까요?
4) 공룡을 왼손으로 따라 그려보세요.
5) 그림을 보고 생각 나는 것을 말해보세요.

참고사항
아이들이 자기만의 독특한 생각을 가질 수 있다는 것은 어른과의 다른 점인것 같습니다.
아이들은 자신만이 바라보는 눈이 있답니다. 그 눈으로 비쳐지는 세상을 존중해줄 때
하나의 사회인으로써 올바로 설 수 있는 것입니다. 아이의 세상을 바라다 보아주세요.
아이의 눈으로……

부모님 생신이신데 선물을 살 돈이 없어요.
어떻게 해야 할까요?

달력을 바라보다보니 빨간 줄이 쳐있어요.

오늘이 무슨 날 인지 생각해보니 바로 엄마 생신이었어요.

그래서 저금통을 열어보니 돈이 하나도 없어요.

아빠, 엄마가 용돈을 주실 때마다

바로 바로 써버린 것이 후회가 되었습니다.

그러나 후회를 해도 이미 늦어버렸어요.

어떻게 해야 할까요.

보충학습

1) 달력에 있는 숫자를 왼손으로 따라서 그려보세요.
2) 그 동안 나는 엄마생신에 어떻게 해드렸는지 설명해 보세요.
3) 다음 부모님 생신에는 어떤 선물을 준비해야 좋을까요?
4) 그림을 보고 생각 나는 것을 말해보세요.

참고사항

아이들이 부모님 생신이나 기념일에 선물을 준비한다고 합니다.
그러나 이 학습과정은 선물 말고도 부모님의 마음을 기쁘시게 해드리는 방법은 더 많다는 것을 생각
하게 하는것과 창의성을 올리는데 목적이 있습니다.

내가 타임머신을 타고 원시시대로 돌아갔어요,
어떻게 살아갈 수 있을까요?

타임머신을 타고 원시시대로 돌아갔어요.

집은 모두가 움막처럼 생겼고,

사람들은 머리를 자르지 않아 머리가 치렁치렁

허리 아래까지 내려와 있고, 돌로 만든 무기를 들고

사냥을 다니는 모습이 책에서 보았던 모습들이었습니다.

사람들은 내가 신기한지 내 주변에서 이상한 눈빛으로

나를 바라다보았습니다.

사람들의 눈빛을 보니 착하게 생겼어요.

돌아갈 시간이 되어 타임머신에 올라갔는데 갑자기

기계가 고장이 나서 현재로 돌아올 수가 없게 되었어요.

어떻게 해야할까요?

보충학습

1) 옛날 생활의 좋은 점과 불편한 점 3가지만 말해보세요

2) 원시시대 사람들과 배교해서 내가 잘할 수 있는 것을 말해보세요.

3) 그림중에서 동그라미를 찾아 왼손으로 따라 그려보세요

4) 그림을 보고 생각 나는 것을 말해보세요.

참고사항

원시시대의 여러 가지 환경에 대하여 설명을 하도록 유도하여 상상력을 길러주고 그때 쓰던 물건 등에 대하여 이야기해 봄으로써 추리력도 발달시킬 수 있습니다.

한번 마실때마다 5년씩 젊어지는 옹달샘물을 아빠가 너무 많이 마셔서 5살이 되셨어요.
어떻게 해야 할까요?

우리가족은 먼 산으로 등산을 갔어요.

그런데 그 곳에서 놀라운 일이 벌어지고 말았습니다.

아빠가 목이 마르시다며 옹달샘 물을 마셨는데

이 물은 한번 마실 때마다 5년씩

젊어지는 물이었습니다. 아빠는 그것도 모르시고

너무 많이 마시는 바람에

갑자기 5살 정도의 어린아이로 변해버렸어요.

내가 초등학교 2학년인데 어떻게 하면 될까요?

보충학습

1) 만약에 태어난 지 2년밖에 안 되는 강아지가 이 물을 마시면 어떻게 될까요?

2) 이런 옹달샘이 우리 집에 있다면 어떻게 하겠어요?

3) 이 옹달샘 속에는 무엇이 들어 있을까요?

4) 나뭇잎 5장만 왼손으로 따라서 그려보세요.

5) 그림을 보고 생각 나는 것을 말해보세요.

참고사항

상상력은 아이들에게 또 다른 상상력을 불러오게 합니다.

상상력과 논리력은 같이 발달을 시켜야 엉뚱한 아이라는 소리를 듣지 않습니다.

아이에게 그림을 자세히 바라보며 생각할 수 있는 시간을 충분히 주시기 바랍니다.

산타할아버지 선물 보따리에는
무엇들이 들어있을까요?

산타할아버지 선물보따리에는 어떤 선물들이 들어있을까요?

선물들의 이름을 말해보세요.

'음 그 집에는 바로 이 선물을 갖다 주어야 겠구나.'

산타할아버지는 커다란 선물창고에서

라면 5박스, 담요 3장, 축구공 2개, 운동화 1켤레를 골랐습니다.

누구에게 줄 선물일까요?

보충학습

1) 산타할아버지께서 내가 주고싶은 사람에게 내 대신 선물을 가져다주신다면
   난 누구에게 어떤 선물을 갖다주시라고 부탁할 것인가요?
2) 산타할아버지 보따리에 선물을 그려보세요.
3) 보따리를 왼손으로 따라 그려 보세요.
4) 그림을 보고 생각 나는 것을 말해보세요.

참고사항

산타할아버지의 선물보따리는 어른이 되어서도 마음속에 자리잡고 있습니다.

그만큼 어릴 적 간절한 바램이 있어서가 아닌가 생각됩니다. 아이들은 자기가 갖고싶어하는 선물이 들어있다고 생각할 것입니다. 그곳에 어떤 것들이 있냐고 물어보면 많은 생각을 하게 될 것입니다. 생각하는 훈련을 시켜주세요.

생각과 실천을 통한 1%엄마의 **자녀변신 프로젝트** 02

엄마! 나도
생각할수 있어요

Mother! I can think

생각과 실천을 통한 1%엄마의 **자녀변신 프로젝트** 02

더블유출판사

엄마! 나도 생각

(부록)

Mother! I can think

홍양표 지음

세/계/의/창/이/되/도/록/하/겠/습/니/다
world wide we
더블유출판사

엄마! 나도 생각 할 수 있어요 2 (부록)